Annette Neubauer · Antje Hagemann

Ich entdecke die UHRZEIT

Dieses Heft gehört

....

Bisher in dieser Reihe erschienen:

Ich entdecke die Buchstaben
Ich entdecke die Zahlen
Ich entdecke die Schreibschrift
Ich entdecke die Uhrzeit

ISBN 978-3-7432-1698-3
1. Auflage 2024
© 2024 Loewe Verlag GmbH, Bühlstraße 4, D-95463 Bindlach
Konzept: Annette Neubauer und Antje Hagemann
Umschlag- und Innenillustrationen: Antje Hagemann
Umschlaggestaltung: Elke Kohlmann
Printed in the EU

www.loewe-verlag.de

Liebe Eltern,

mit *Ich entdecke die Uhrzeit* trainiert Ihr Kind auf spielerische Weise sowohl die **Feinmotorik** als auch das **Verständnis für Zeit** – beides ist gleichermaßen wichtig für einen erfolgreichen Schulstart.

Die Verknüpfung der Uhrzeit mit kindgerechten **Zeichenanleitungen** macht nicht nur Spaß, sondern stärkt auch das **Selbstbewusstsein** und die **Konzentration**. **Volle, halbe und Viertelstunden**, der **kindliche Tagesablauf** und die **Jahreszeiten** prägen sich spielerisch ins Gedächtnis ein und können leicht abgerufen werden. Gleichzeitig entwickelt Ihr Kind ein Verständnis für das abstrakte Thema **Zeit**. Der Umgang mit dem Stift wird erlernt und in Schritt-für-Schritt-Anleitungen trainiert, was sich positiv auf das Schriftbild auswirkt.

In jeder Übung ist ein **Beispiel** vorgegeben, sodass sich Ihr Kind weitestgehend eigenständig mit dem Heft beschäftigen kann.

Wir wünschen Ihnen und Ihrem Kind viel Freude mit den abwechslungsreichen Übungen und lustigen Bildern!

Annette Neubauer & Antje Hagemann

Es gibt verschiedene Uhren. Kannst du sie zeichnen?

Eine analoge Uhr ist eine Uhr mit Zeigern. Sie hat einen großen Zeiger, der die Minuten anzeigt, und einen kleinen Zeiger, der die Stunden anzeigt.

16:00

 Bei einer digitalen Uhr wird die Zeit mit Zahlen angezeigt.

morgens

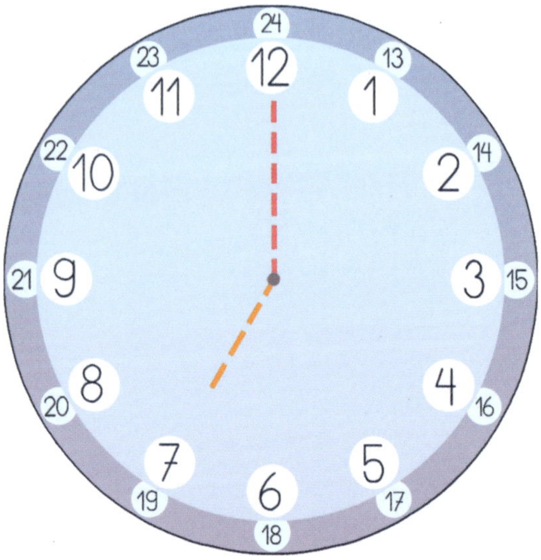

07:00

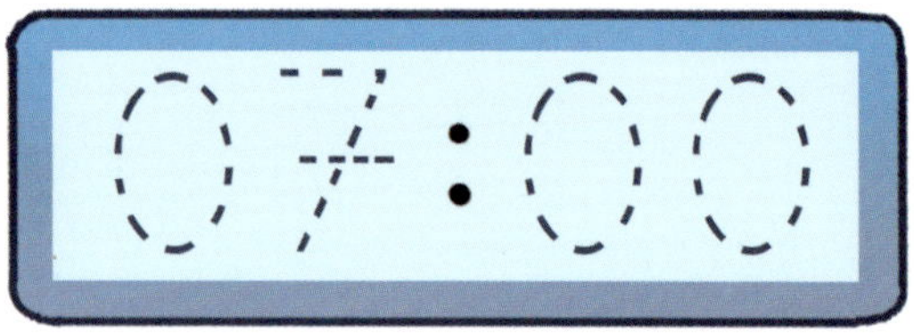

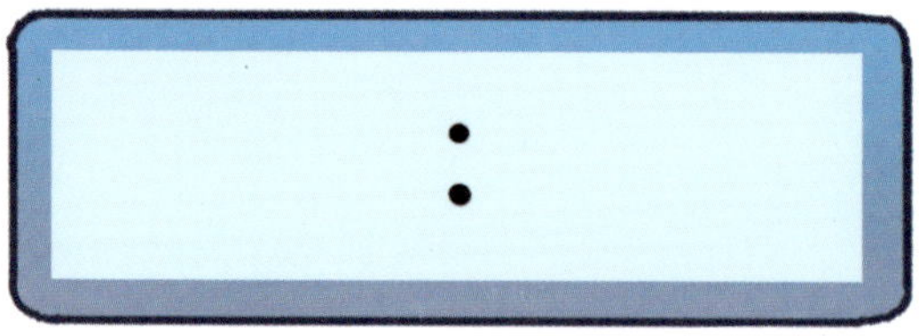

07:00   :

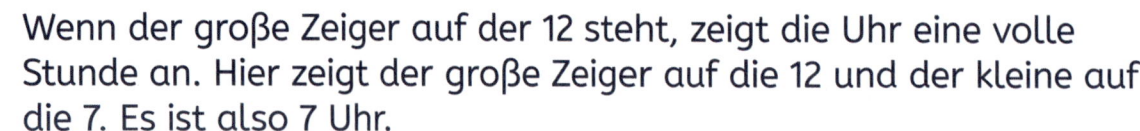

Wenn der große Zeiger auf der 12 steht, zeigt die Uhr eine volle
Stunde an. Hier zeigt der große Zeiger auf die 12 und der kleine auf
die 7. Es ist also 7 Uhr.

Um **7 Uhr** klingelt der Wecker. Male den Wecker Schritt für Schritt.

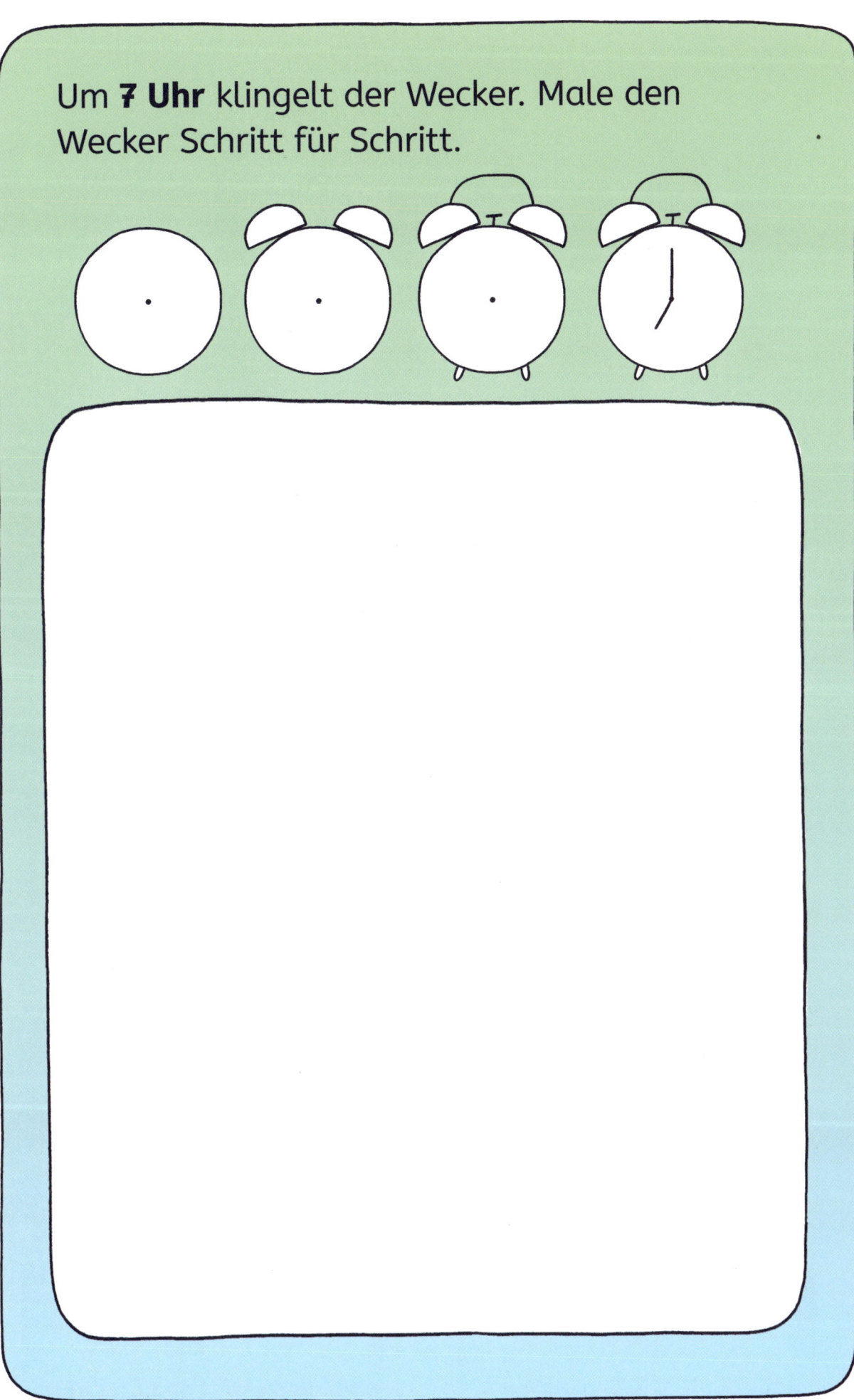

morgens

08:00

08:00

Um **8 Uhr** gibt es Kakao. Male den Kakao
Schritt für Schritt.

morgens

09:00

Um **9 Uhr** ist Matheunterricht. Male den Schulranzen Schritt für Schritt.

10:00

Um **10 Uhr** ist Frühstückspause. Male den Apfel Schritt für Schritt.

Male die Rahmen jeweils in der passenden Farbe aus.

morgens

vormittags

mittags

nachmittags

abends

nachts

vormittags

11:00

Um **11 Uhr** ist Kunstunterricht. Male den
Pinsel Schritt für Schritt.

Um **11 Uhr** ist Kunstunterricht. Male den
Pinsel Schritt für Schritt.

mittags

12:00

Um 12 Uhr ist Schulschluss. Male die Schule Schritt für Schritt.

Welche Bilder passen zu welcher Jahreszeit? Verbinde.

Frühling

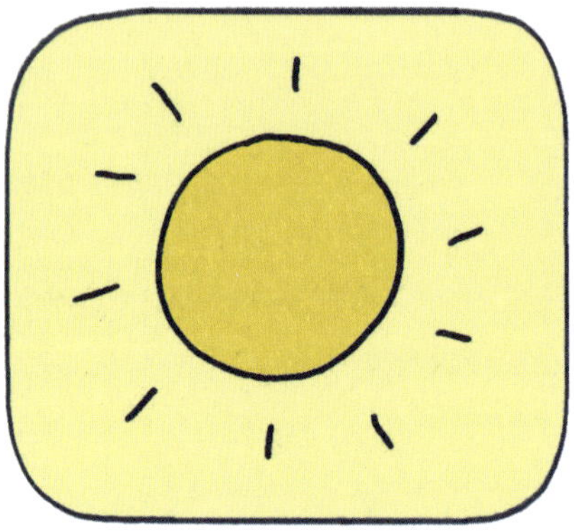

Sommer

 Es gibt vier Jahreszeiten. Frühling, Sommer, Herbst und Winter.
Jede Jahreszeit umfasst drei Monate.

Herbst

Winter

mittags

13:00

13:00

Um **13 Uhr** gibt es Mittagessen. Male den Topf
Schritt für Schritt.

nachmittags

14:00

Um **14 Uhr** werden Hausaufgaben gemacht.
Male das Heft Schritt für Schritt.

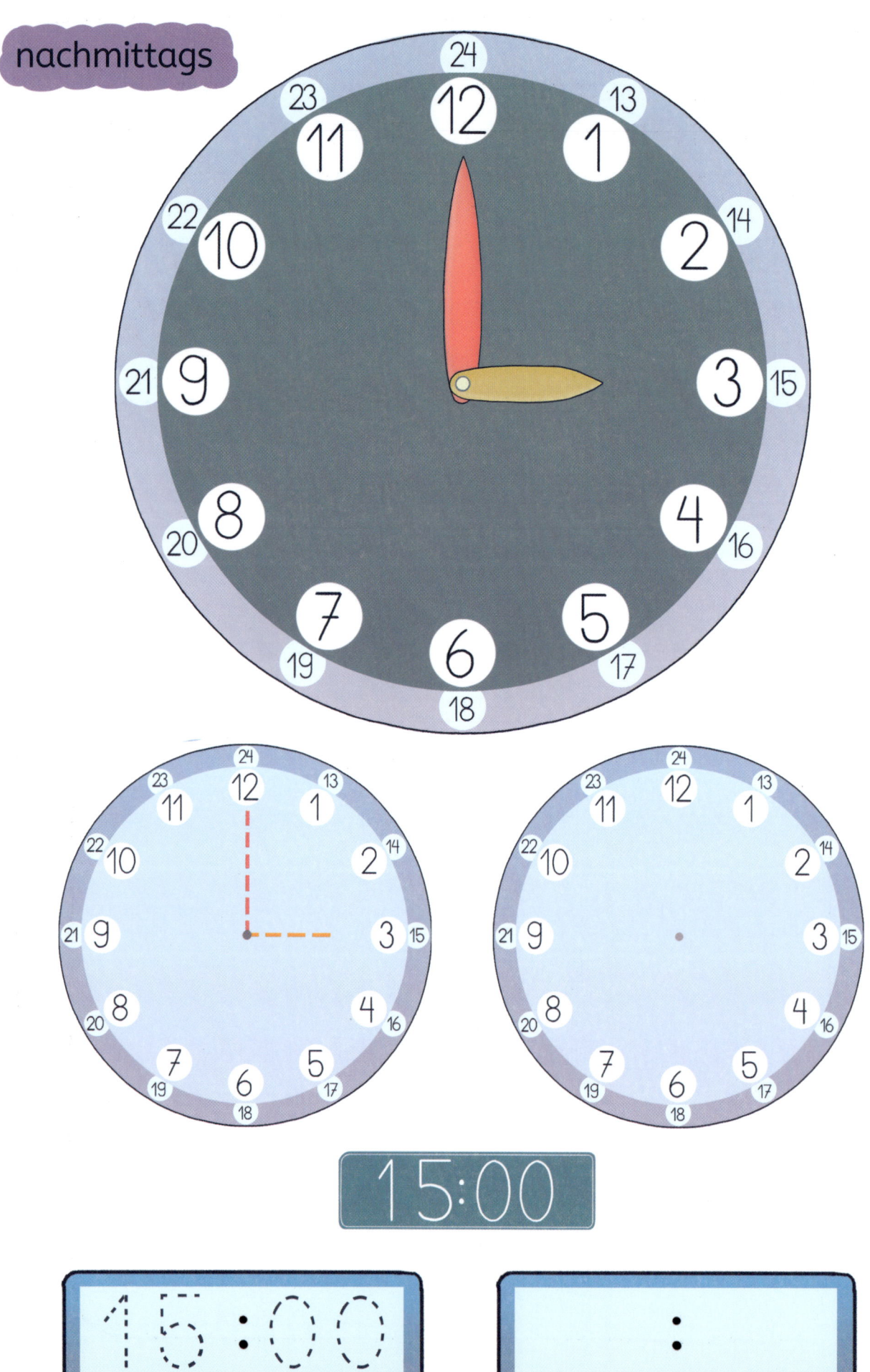

15:00

15:00

Um **15 Uhr** wird gebastelt. Male den Kleber Schritt für Schritt.

nachmittags

16:00

16:00

Um **16 Uhr** gibt es Kuchen. Male den Muffin
Schritt für Schritt.

17:00

17:00

Um **17 Uhr** wird musiziert. Male die Gitarre
Schritt für Schritt.

Was gehört zusammen? Verbinde die Bilder mit den passenden Digitaluhren.

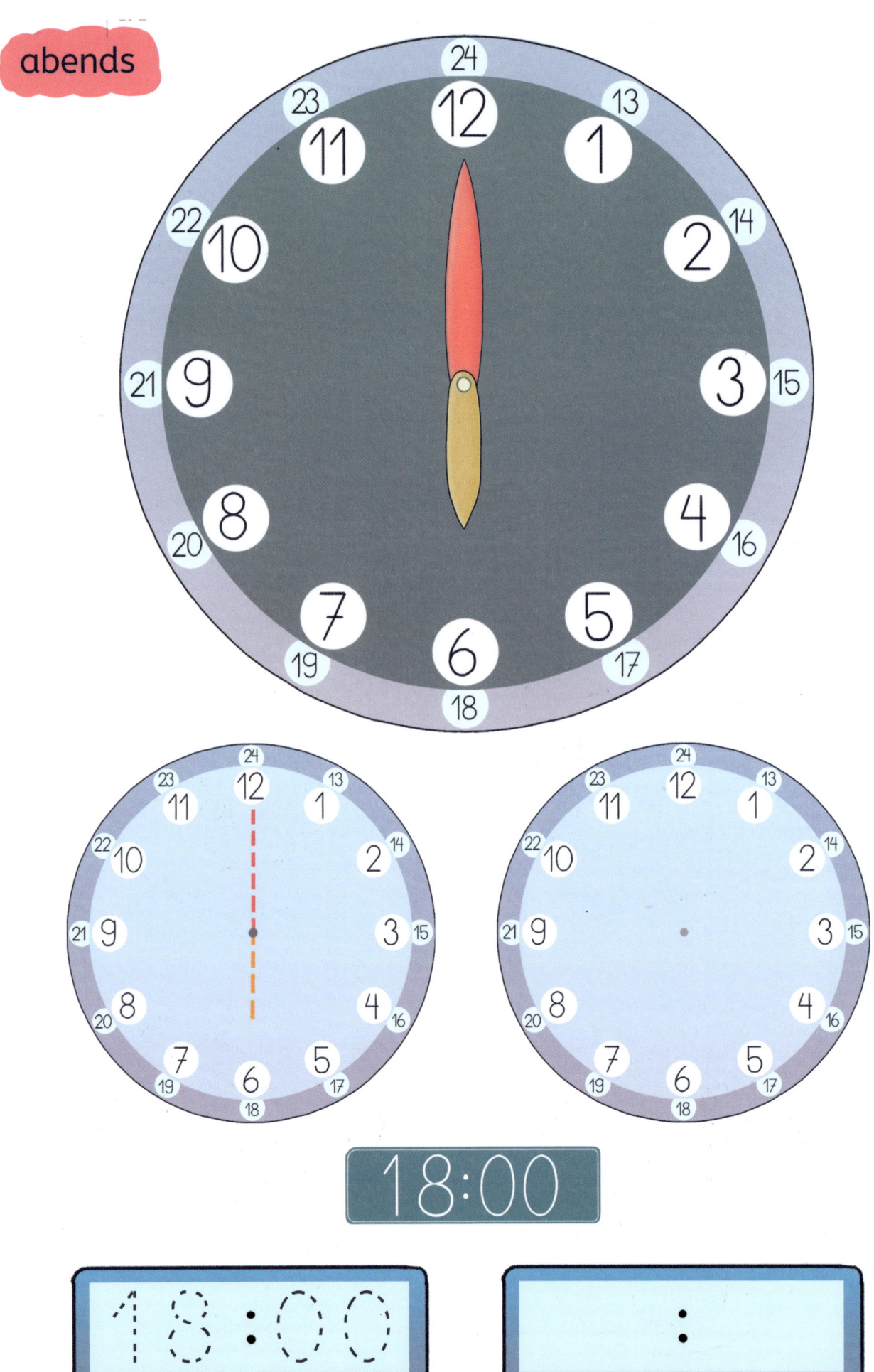

18:00

Um **18 Uhr** wird trainiert. Male den Fußball Schritt für Schritt.

abends

19:00

Um 19 Uhr gibt es Abendessen. Male die Tomate Schritt für Schritt.

abends

20:00

20:00

Um **20 Uhr** werden die Zähne geputzt. Male
die Zahnbürste Schritt für Schritt.

21:00

21:00

Um **21 Uhr** wird vorgelesen. Male das Buch Schritt für Schritt.

Sieh dir die Bilder genau an und zeichne die richtigen Zeiger in die Uhren ein.

 Eine Stunde hat 60 Minuten, eine halbe Stunde 30 und eine Viertelstunde 15. Wenn der große Zeiger auf der 6 steht, zeigt die Uhr eine halbe Stunde an. Hier zeigt der große Zeiger auf die 6 und der kleine zwischen 9 und 10. Es ist also halb 10. Eine Digitaluhr zeigt 09:30 Uhr morgens oder 21:30 Uhr abends an.

Verbinde die analogen Uhren mit den passenden Digitaluhren.

13:15

01:45

23:15

10:45

19:45

04:15

 Wenn der große Zeiger auf der 3 oder der 9 steht, zeigt die Uhr eine Viertelstunde an. Hier zeigt der große Zeiger auf die 3 und der kleine hinter die 9. Es ist also Viertel nach 9. Eine Digitaluhr zeigt 09:15 Uhr morgens oder 21:15 Uhr abends an.

 Hier zeigt der große Zeiger auf die 9 und der kleine vor die 10. Es ist also Viertel vor 10. Eine Digitaluhr zeigt 09:45 Uhr morgens oder 21:45 Uhr abends an.

nachts

22:00

22:00

Um **22 Uhr** wird geschlafen. Male den Teddy Schritt für Schritt.

nachts

23:00

23:00

Um **23 Uhr** fliegt die Fledermaus um die Häuser.
Male die Fledermaus Schritt für Schritt.

nachts

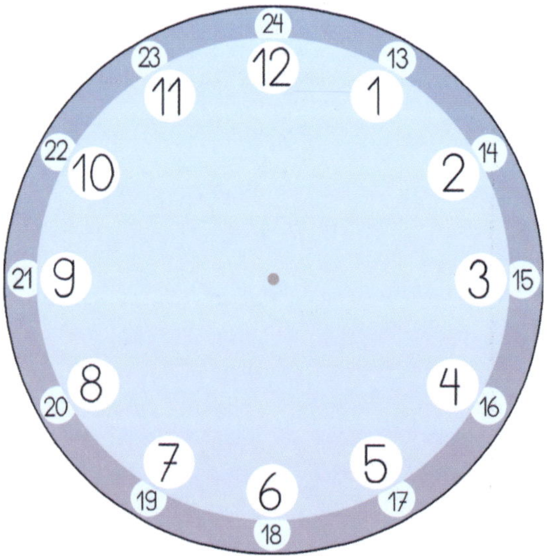

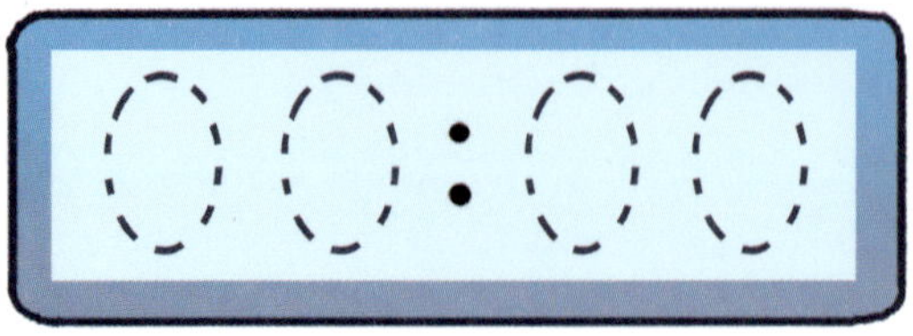

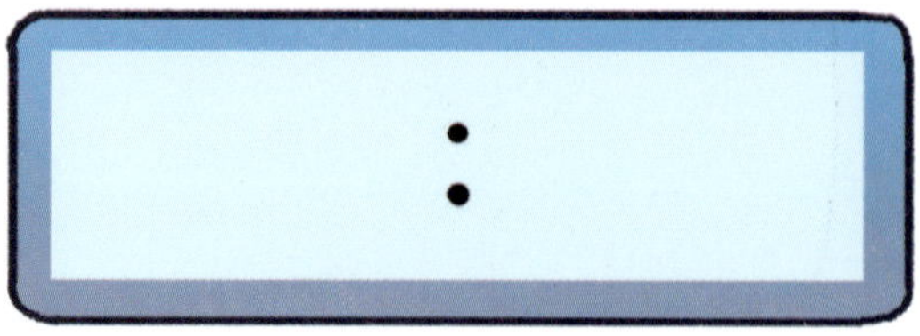

 Ein Tag hat 24 Stunden. Er endet um 24 Uhr und beginnt um 0 Uhr. Die analogen Uhren zeigen 24 Uhr an, die digitalen Uhren 0 Uhr.

Um **0 Uhr** schuhut die Eule. Male die Eule
Schritt für Schritt.

nachts

01:00

01:00

Um **1 Uhr** fährt ein Zug durch die Dunkelheit.
Male den Zug Schritt für Schritt.

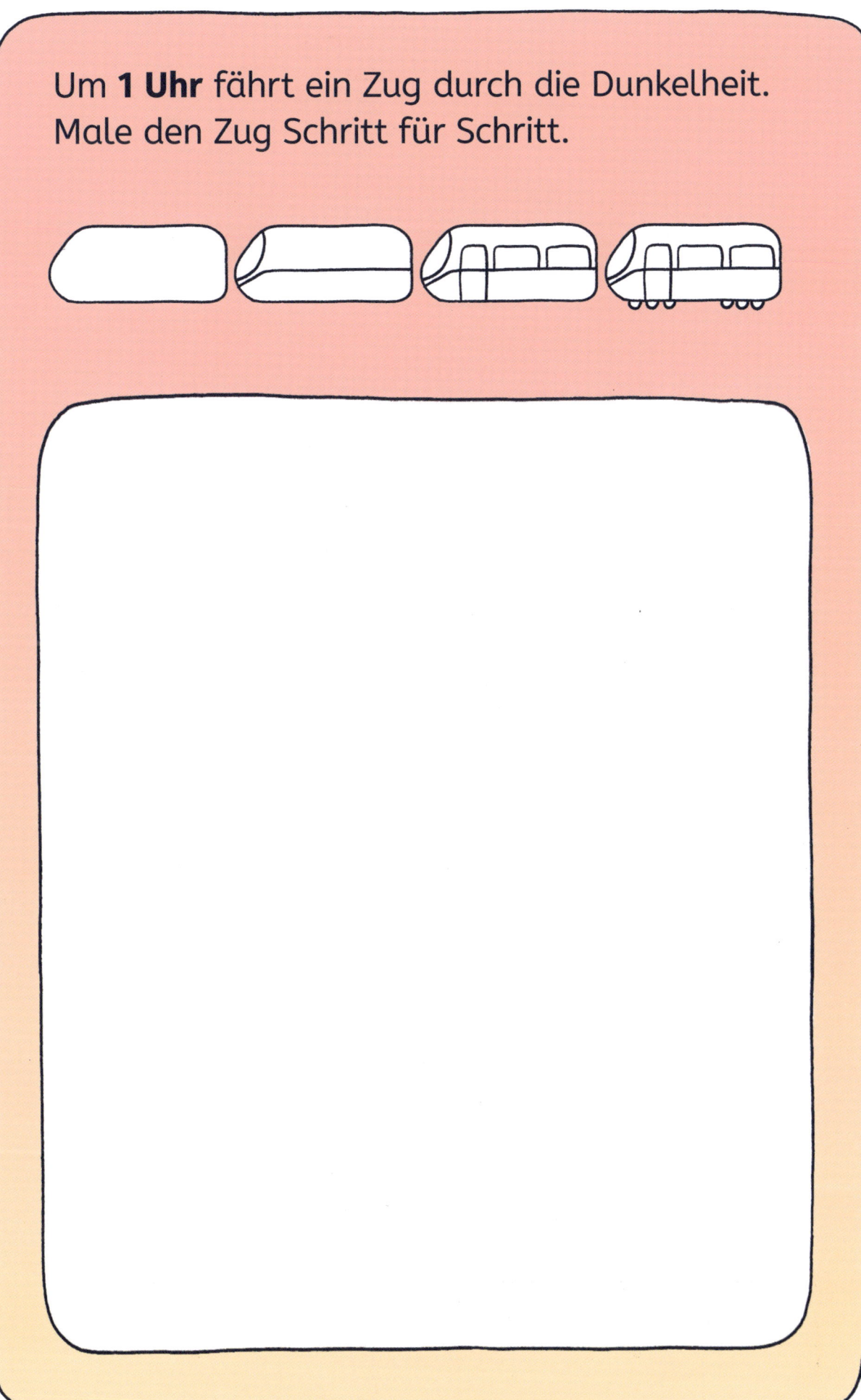

nachts

02:00

02:00

Um **2 Uhr** funkeln die Sterne. Male den Nachthimmel Schritt für Schritt.

nachts

03:00

Um 3 Uhr geht die Katze auf die Jagd. Male die Katze Schritt für Schritt.

nachts

04:00

04:00

Um **4 Uhr** backt der Bäcker frische Brezeln.
Male die Brezel Schritt für Schritt.

nachts

05:00

Um **5 Uhr** streift der Fuchs durch den Wald.
Male den Fuchs Schritt für Schritt.

nachts

06:00

Um **6 Uhr** kommt die Müllabfuhr. Male die Mülltonne Schritt für Schritt.

Um **7 Uhr** klingelt der Wecker. Fahre die großen Zeiger nach und ergänze die passenden kleinen Zeiger.

Lösungen:

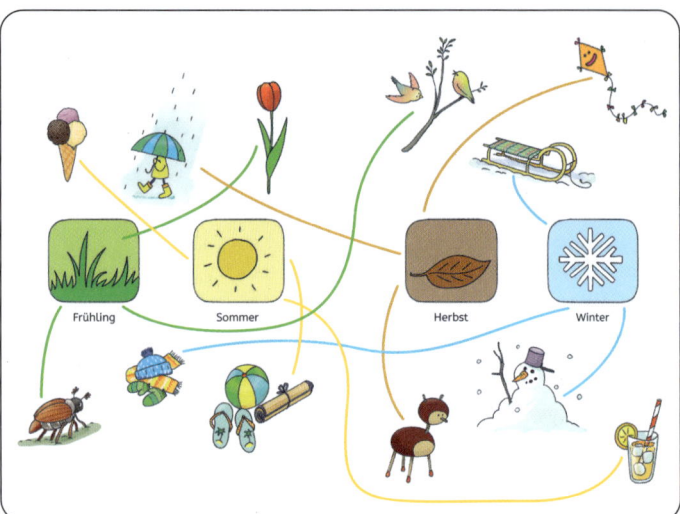

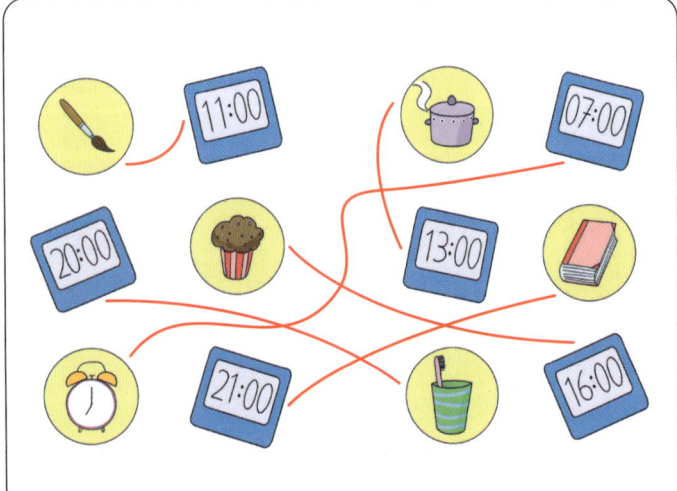

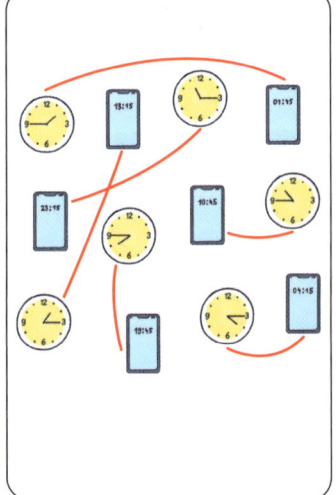

Um **7 Uhr** klingelt der Wecker. Fahre die großen Zeiger nach und ergänze die passenden kleinen Zeiger.